Inhalt

Börsengänge - Facebook mit negativer Signalwirkung

Kernthesen

Beitrag

Fallbeispiele

Weiterführende Literatur

Impressum

GENIOS WirtschaftsWissen Nr. 06 vom 08.06.2012

Börsengänge - Facebook mit negativer Signalwirkung

Thomas Trares

Kernthesen

- Der Börsengang des sozialen Netzwerks Facebook hat die Anleger enttäuscht.
- Weltweit haben bereits einige Firmen ihre Börsenpläne auf Eis gelegt.
- In Deutschland steht das IPO der Chemiefirma Evonic auf der Kippe.
- 2012 ist bislang nur die chinesische Haikui Seafood auf das Frankfurter Parkett gegangen.
- Das Umfeld ist für Börsengänge schon lange ungünstig.

Beitrag

Börsengang von Facebook floppt

Für die Erstzeichner war der Börsengang des sozialen Netzwerks Facebook im Mai eine Enttäuschung. Knapp zwei Wochen nach der Erstnotiz hat die Facebook-Aktie etwa ein Viertel ihres Wertes verloren. In der Kritik steht vor allem die US-Investmentbank Morgan Stanley, die den Börsengang organisiert hatte. Der Wert des Unternehmens sei mit 104 Milliarden Dollar viel zu hoch angesetzt gewesen. Zudem sei kurz vor Börsenstart die Umsatzprognose zurückgenommen worden. Mit einem Kurs-Gewinn-Verhältnis (KGV) von mehr als 100 war die Aktie extrem teuer. Inzwischen ermittelt die US-Börsenaufsicht. Dem Unternehmen Facebook hat der Börsengang 16 Milliarden Dollar eingebracht. (2), (4)

Negative Signalwirkung für internationalen Aktienprimärmarkt

Das Problem an dem missglückten Facebook-Börsengang ist, dass von ihm eine negative Signalwirkung ausgeht. Weltweit wurden bereits einige Börsengänge abgesagt. Beispiele sind der britische Schmuckhändler Graff Diamonds und der

Rennsportveranstalter Formel 1. Auch in Deutschland könnten geplante Vorhaben ins Wanken geraten. Noch im Januar hatten Analysten für 2012 mit bis zu 15 Börsengängen gerechnet. Zu den Kandidaten zählten der Spezialchemiekonzern Evonik, die Siemens-Tochter Osram und der Versicherer Talanx. Es wäre die erste Welle großer Börsengänge seit dem Ausbruch der Finanzkrise 2007 gewesen. Doch daraus wird wohl nichts. Im laufenden Jahr gab es in Frankfurt mit der chinesischen Haikui Seafood erst einen Börsengang. (1)

Trends

In punkto Börsengänge war schon 2011 ein schwaches Jahr. Eine Reihe Schwergewichte hatte ihren Gang an die Börse angekündigt, unter anderem Hapag-Lloyd, Evonik und die Siemens-Tochtergesellschaft Osram - keines der Vorhaben wurde umgesetzt. Schon vor einem Jahr hatten die nervösen Kapitalmärkte, bedingt durch den AKW-Unfall in Fukushima und einer sich zuspitzenden Eurokrise, den Unternehmen einen Strich durch die Rechnung gemacht. (9)

Auch international hat das Jahr 2011 wenig Börsengänge gebracht. Das weltweite Volumen auf dem Aktienprimärmarkt sank um 30 Prozent auf 630 Milliarden Dollar und damit auf den niedrigsten

Stand seit 2006. Die über Börseneinführungen eingesammelten Mittel gingen sogar um 40 Prozent auf 168 Milliarden Dollar zurück. (5)

In den ersten Monaten des Jahres 2012 war die Stimmung für Börsengänge noch optimistisch. So erwartete die Deutsche Börse eine Trendwende auf dem Aktienprimärmarkt. Ein Grund war die Erholung des Dax zwischen November 2011 und März 2012. Darüber hinaus war man an den Märkten der Meinung, dass sich bei einem erfolgreichen Debüt der Facebook-Aktie sowie bei einer weiteren Entspannung der Eurokrise mehr Unternehmen an die Börse wagen würden. Letztlich ist das Gegenteil eingetreten. Bereits geplante Börsengänge stehen wieder auf der Kippe. (5), (6)

Auf dem weltweiten Markt für Initial Public Offerings (IPO) hat die Bedeutung der Schwellenländer deutlich zugenommen. Seit dem Jahr 2000 stieg ihr Anteil von 20 auf nunmehr fast 60 Prozent. 2009 kamen die Emerging Markets sogar auf einen Anteil von 76 Prozent. Zwar brach 2011 auch in den Schwellenländern das Emissionsvolumen um gut die Hälfte auf 96 Milliarden Dollar ein, vieles spricht aber dafür, dass sie ihren Vormarsch in absehbarer Zeit fortsetzen. (5)

Wegen des Facebook-Flops wird an den Märkten darüber spekuliert, ob das Zeitfenster für Börsengänge für dieses Jahr bereits geschlossen ist.

Andere Experten halten dagegen, dass es sich bei den deutschen Börsenkandidaten um Firmen mit einer leichter vorhersehbaren Zukunft als Facebook handele. Großinvestoren würden zum Beispiel bei Evonik auf das Geschäftsmodell und den Vergleich mit ähnlichen Unternehmen achten und nicht darauf, ob Börsengänge in Asien abgesagt werden. (1)

Fallbeispiele

Der größte für 2012 in Deutschland geplante Börsengang ist der der Spezialchemiefirma Evonik. Möglicherweise könnte es sogar der größte Börsengang seit der Deutschen Post vor zwölf Jahren werden. Ursprünglich sollte die Erstnotiz am 25. Juni stattfinden. Der IPO könnte aber noch in letzter Minute abgeblasen werden. Man wolle kein Facebook-Debakel, hieß es bei Evonik. Das Volumen des Börsengangs ist bislang offen. Evonik gilt mit einem Umsatz von 14,5 Milliarden Euro und einem operativen Ergebnis von 2,8 Milliarden Euro im vergangenen Jahr als Kandidat für den Dax. (7)

Ein weiterer Börsenaspirant ist der Autozulieferer Kolbenschmidt Pierburg (KSPG), eine Tochter des Rüstungskonzerns Rheinmetall. Mit dem Börsengang will Rheinmetall die gute Branchenkonjunktur in der Autoindustrie nutzen. Umsatz und operatives Ergebnis erreichten nach Angaben von Rheinmetall in den ersten drei Monaten 2012 Höchstwerte. Das IPO war eigentlich für Juni geplant. Doch jetzt drohen die Turbulenzen an den Finanzmärkten Rheinmetall abermals einen Strich durch die Rechnung zu machen. Schon 2011 war der Börsengang aufgrund der schwierigen Lage am Kapitalmarkt abgesagt worden. (8)

Erster und bislang einziger Börsengang im streng regulierten Prime Standard der Deutschen Börse war der des chinesischen Fischverarbeiters Haikui Seafood. Mit 600 Mitarbeitern hat Haikui im vergangenen Jahr einen Umsatz von 152 Millionen Euro und ein Nettoergebnis von 28 Millionen Euro erzielt. Bislang haben aber chinesische Börsenneulinge in Frankfurt regelmäßig enttäuscht. Bei Haikui Seafood war dies nicht anders. Das Unternehmen wollte 1,725 Millionen Aktien ausgeben. Verkauft wurden letztlich nur 317 400 Papiere am unteren Ende der von 10 bis 13 Euro reichenden Zeichnungsspanne. Das Emissionsvolumen lag somit bei gerademal 3,2 Millionen Euro. (10)

Unmittelbar nach dem Flop der Facebook-Aktie haben der Londoner Juwelier Graff sowie der Rennsportveranstalter Formel 1 ihre Börsenpläne auf Eis gelegt. Formel-1-Chef Bernie Ecclestone begründete die Verschiebung des milliardenschweren Börsengangs mit den schwachen Aktienmärkten. Gleichwohl soll er noch in diesem Jahr stattfinden.

Auch der Juwelier Graff verwies auf das schlechte Marktumfeld. Darüber hinaus hat in den USA die Reisesuchmaschine Kayak ihre Roadshow auf unbestimmte Zeit verschoben. Kayak wollte dabei den Appetit der Anleger auf Internetaktien prüfen. (3)

Weiterführende Literatur

(1) Störsignale für deutsche Börsengänge Facebook-Desaster zieht Absagen in Asien nach sich // Investmentbanker rechnen mit Rückziehern in Deutschland
aus Financial Times Deutschland vom 04.06.2012, Seite 15

(2) Facebook verschreckt die Anleger
aus Fränkischer Tag Hassberge vom 02.06.2012, S. 26

(3) Formel 1 verschiebt milliardenschweren Börsengang
aus manager-magazin.de vom 01.06.2012

(4) Die Mär von Mr. Zockerberg
aus manager-magazin.de vom 22.05.2012

(5) Deutsche Börse erwartet Trendwende bei IPOs Niedrige Volatilität könnte Primärmarkt ankurbeln
aus Börsen-Zeitung, 08.05.2012, Nummer 88, Seite 18

(6) Schwellenländer erobern den Aktienprimärmarkt
aus Börsen-Zeitung, 08.02.2012, Nummer 27, Seite 8

(7) Geplanter Börsengang im Juni könnte platzen
aus Hamburger Abendblatt online vom 29.05.2012 -
10:00:20

(8) Rheinmetall: Platzt KSPG-Börsengang?
aus Rheinische Post Nr. 117 vom 21.05.2012

(9) Börsengänge 2012 – nach dem Spiel ist vor dem Spiel Studie zu Erfolgsfaktoren von IPOs
aus GoingPublic Magazin, Heft 01/2012, S. 68-69

(10) Chinesische Börsengänge in Frankfurt enttäuschen auf ganzer Linie
aus Frankfurter Allgemeine Zeitung, 16.05.2012, Nr. 114, S. 21

Impressum

Börsengänge - Facebook mit negativer Signalwirkung

Bibliografische Information der deutschen Nationalbibliothek

Die Deutsche Nationalbibliothek verzeichnet diese Publikation in der deutschen Nationalbibliografie; detaillierte bibliografische Daten sind im Internet über http://dnb.d-nb.de abrufbar.

ISBN: 978-3-7379-0644-9

© 2015 GBI-Genios Deutsche Wirtschaftsdatenbank GmbH, Freischützstraße 96, 81927 München, www.genios.de

Alle Rechte vorbehalten. Dieses Werk ist einschließlich aller seiner Teile – z.B. Texte, Tabellen und Grafiken - urheberrechtlich geschützt. Jede Verwertung außerhalb der Grenzen des Urheberrechtsgesetzes bedarf der vorherigen Zustimmung des Verlags. Dies gilt insbesondere auch für auszugsweise Nachdrucke, fotomechanische Vervielfältigungen (Fotokopie/Mikroskopie), Übersetzungen, Auswertungen durch Datenbanken oder ähnliche Einrichtungen und die Einspeicherung und Verarbeitung in elektronischen Systemen.